Le jour où nous avons pris le pouvoir

En scène
Collection dirigée par Emmanuelle Grivelet-Sonier

La collection « En scène » s'attache à publier des pièces de théâtre découvertes lors du concours d'écriture *Vivons les mots*. Ces pièces, sélectionnées par un jury de professionnels, se sont toutes distinguées par leur qualité d'écriture, leur originalité, leur potentiel à être montées par des compagnies professionnelles ou amateures.

Dernières parutions

Roland Reymond, *La naine du grand chien*, 2024.
Hélène Lauria, *Les abeilles aussi savent nager*, 2024.
Cécile Fraisse-Bareille, *Audaces*, 2024.
Grazyna Erhard, *Ex-îlés*, 2024.
Didier Gauroy, *Sans escale*, 2024.
Thomas Wendling, *Drôle d'enquête*, 2024.
Marie Velter, *À la folie*, 2024.
Marie-Agnès Bouchez-Odouard, *Comme il pleut sur la ville*, 2024.
Pierre Garelli, *Zeppelins*, 2024.
Patrick Genre, *Trois-cent-soixante-cinq portraits du dictateur*, 2024.
Laurent Contamin, *Dans la forêt lointaine mon cœur a fait son nid*, 2024.
Aymeri Suarez-Pazos, *Prison*, 2024.
Sébastien Bonmarchand, *La forêt enchaînée*, 2024.
Veronika Boutinova, *J'avais un vagin en forme de cœur*, 2024.
Philippe van der Schrieck, *Le quintette de Franck*, 2024.
Jean-Bernard Philippot, *Elles*, 2024.
Delphine Gustau, *Freddie*, 2024.
Patrice Juiff, *Mur-murations*, 2024.
Anaïs Hernandez Nadji, *Avec tout mon amour*, 2024. (Coup de cœur du concours *Vivons les mots !* 2024)
Mikaël Balmont, *Spotlight*, 2024. (Médaille de bronze du concours *Vivons les mots !* 2024)

Maxime Motte

Le jour où nous avons pris le pouvoir

© L'Harmattan, 2024
5-7, rue de l'Ecole-Polytechnique, 75005 Paris

http://www.editions-harmattan.fr

ISBN : 978-2-336-47763-3
EAN : 9782336477633

*Pour mes enfants,
Théophile, William, Chléophée*

PERSONNAGES

La mère

Le père

Noé

Zoé

Deux parents, totalement détendus, côte à côte sur un canapé, devant un téléviseur. Dans le salon de la maison, des meubles fabriqués en série par une grande entreprise scandinave, qui pourraient être chez n'importe qui d'autre. L'ensemble laisse à penser qu'il s'agit d'une famille de la classe moyenne.

La mère et le père éclatent de rire collés devant une émission, apparemment humoristique.

Leurs deux adolescents, Noé et sa petite sœur, Zoé, entrent dans le salon. La porte s'ouvre brutalement. L'ado n'a pas contrôlé sa force.

Nouveaux rires des parents.

LE PÈRE
Que c'est con ce truc !

La mère et le père absorbés par la télévision n'ont même pas noté leur entrée.

Les deux ados restent bras ballants. Noé, de la génération qui dépasse d'une tête celle de ses parents, sonde sa sœur. Zoé, qui abandonne les dernières rondeurs de l'enfance, avance vers ses parents, le regard déterminé.

ZOÉ
On fait un jeu ensemble ?

Les deux parents rient à nouveau. Le père répond, concentré sur son écran.

LE PÈRE
Oui... Ça finit dans 10 minutes...

Les deux ados sont dépités par la réponse. La mère le remarque, se décale et les encourage à venir s'assoir avec eux.

LA MÈRE
Mettez-vous là.

Noé s'impatiente, regarde sa montre. Zoé lui jette un regard complice, lui fait signe de la rejoindre sur le canapé. Ils s'installent tous les deux. La cadette s'assied à côté de son père et sort une cordelette de sa poche.

ZOÉ
On commence le jeu.

LE PÈRE
C'est quoi ce jeu ?

NOÉ
Un tour de magie...

Zoé, sans attendre de réponse, prend les mains de son père, les pose sur ses genoux et commence à lacer sa cordelette autour. Le frère fait la même chose avec la mère. Il semble gêné, essaye de donner le change avec autant d'assurance qu'il le peut. Zoé, plus maîtresse d'elle-même, paraît tout à fait à son aise.

ZOÉ
Une fois attachés, vous devrez répondre à des questions pour essayer de vous libérer.

LA MÈRE *(amusée, second degré)*
Alors moi, ça n'a jamais été mon truc ce genre de jeu.

LE PÈRE *(plein de sous-entendus)*
Malheureusement…

LA MÈRE *(complice)*
Chéri…

La mère et le père se marrent. Les deux enfants font mine de ne pas avoir entendu, ils ont terminé de lier les mains de chacun de leurs parents.

LE PÈRE
Vous n'allez pas réussir à grand-chose comme ça. *(Le père parvient à s'enlever la cordelette, en moins de deux, puis l'attache aux mains de sa fille.)* Essaye de l'enlever.

Zoé essaye de se défaire de la corde. En vain. Noé veut intervenir.

NOÉ *(inquiet)*
Attends, tu fais quoi là…

Sa sœur lui fait signe de ne pas bouger.

LE PÈRE
Si je me détache tout de suite, il ne marche pas votre tour.

ZOÉ
Oui...

LA MÈRE
Moi, Noé m'a ficelée comme un rôti !

NOÉ
J'ai trop serré ?

LA MÈRE
Je te fais marcher Minou.

Le père détache Zoé, lui donne la cordelette et lui tend ses deux poignets serrés l'un contre l'autre. Zoé attache les poignets du père, serre son nœud. Le père tente de décoller ses mains. Il n'y parvient pas, regarde Zoé avec satisfaction.

LE PÈRE
Là, je vais avoir plus de mal !

L'émission fait entendre un nouvel effet comique. Les deux parents explosent de rire. La mère, hilare, se tourne vers les enfants.

LA MÈRE
Vous ne trouvez pas ça drôle ?

ZOÉ
Pas vraiment.

NOÉ
Non. *(Noé se tourne vers son père.)* Je peux essayer ton nœud ?

Noé, sans attendre, sort une autre cordelette qu'il attache aux pieds du père.

LE PÈRE
Arrête ! *(Noé se fige. Tension chez les deux enfants.)* La pointe. Tu la passes d'abord par le haut et c'est après que tu fais ta boucle.

Noé se détend, exécute la technique.

Les deux enfants observent le père maintenant fermement maintenu aux pieds et aux mains et la mère dont les mains sont jointes. Noé se lève, se raidit.

NOÉ
Nous devons vous poser des questions.

LE PÈRE
Waouh ! Tu fais peur là !

LA MÈRE
Torquemada ! Tu nous soumets à l'inquisition ?

Le père rit du mot de sa femme. Il essaye, les mains liées, d'attraper la télécommande pour augmenter le volume.

LE PÈRE
Ah oui mais là, ça ne va pas être pratique votre truc.

Zoé prend la télécommande, coupe le son.

ZOÉ
Vous devez entendre nos questions si vous voulez y répondre.

Le père regarde dépité son écran sans le son.

LE PÈRE
Votre histoire, ça dure longtemps ?

NOÉ
Cinq minutes. Si vous répondez vite aux questions.

ZOÉ
Si vous avez les bonnes réponses !

Le père est déjà démotivé.

LA MÈRE
Chéri, pour une fois que nous faisons un jeu tous ensemble.

Il soupire.

LE PÈRE
D'accord. *(Les deux enfants s'observent soulagés.)* Noé prend un Coca dans le frigo ? *(Noé le regarde décontenancé. Le père montre ses pieds et poings liés.)* Je ne peux pas bouger... C'est votre jeu.

NOÉ
Il n'y a pas Coca. Que veux-tu d'autre ?

LE PÈRE
Tu vas en trouver. J'en ai acheté ce matin.

ZOÉ
Quoi !

Le père les observe sans comprendre.

LA MÈRE
J'avais dit aux enfants que j'étais d'accord pour ne plus en acheter.

LE PÈRE
Coca aussi c'est banni ?

ZOÉ
Coca-Cola siphonne l'eau de la planète !

NOÉ
Soixante-dix litres d'eau pour fabriquer un litre de leur décapant. Trois cents milliards de litres d'eau par an, sans compter...

LE PÈRE *(interrompant Noé)*
Eh les enfants, ça va, là ! Zoé m'a déjà foutu tous mes jeans à la poubelle parce que "c'est pas écolo", je n'ai rien dit...

ZOÉ
Tu n'as rien dit ?

LE PÈRE
Oui, enfin je ne t'ai pas punie...

Noé interrompt sèchement le débat.

NOÉ
Ça va, on s'en fout là !

LE PÈRE
Non, on ne s'en fout pas. Je suis sympa. C'est bon ! Nous avons arrêté le Nutella, je bois du vin bio, je pète une bouteille sur deux avec vos sacs papier. Je fais tous les efforts pour vous faire plaisir…

La mère observe le regard furieux des enfants, temporise.

LA MÈRE
C'est pour toi aussi. Là ce n'est pas juste pour leur faire plaisir, chéri. C'est pour tout le monde. Nous étions d'accord pour tous faire un peu plus attention.

La mère lui sourit. Le père essaye de dédramatiser, se tourne vers Noé.

LE PÈRE *(à Noé)*
Okay… Prends-moi un… Nesspresso, machiatto. S'il te plait.

Regard de feu de Zoé.

ZOÉ
Tu as racheté des capsules ?!

Le père se marre.

LE PÈRE
C'est une blague !

La mère, elle, rit aussi de bon cœur en voyant la tête des enfants consternés.

LA MÈRE *(amusée)*
Oh les minous ! Empêcher le rire, c'est le début la dictature.

La mère et le père s'amusent de leurs ados.

LE PÈRE
Un verre d'eau, du robinet. J'ai le droit ? *(Noé sort vers la porte que l'on imagine celle de la cuisine. Au passage, il consulte son portable. Le père se tourne vers sa femme)* La Stasi ! Un peu plus j'y passais.

Zoé s'impatiente.

ZOÉ *(à ses parents)*
On peut commencer là ?

LA MÈRE
Je vous attends, moi.

ZOÉ
Papa, on peut y aller ?

LE PÈRE
Convention de Genève ! Le prisonnier a le droit de s'hydrater. Fais attention ma puce, attacher les gens ça ne te réussit pas. *(Zoé essaye de jouer le jeu, simule un sourire. Noé revient avec un verre d'eau, le donne à son père et se dirige vers Zoé. Le père boit avec satisfaction.)* Il commence à faire chaud, non ? Chérie tu n'en veux pas.

La mère répond "non" d'un signe de tête. Le verre bascule, le père essaye de le rattraper avec ses deux mains liées. Le reste d'eau du verre se renverse à terre.

LA MÈRE
Ne sois pas surpris si tu n'as plus le droit de boire. *(Les deux parents rient ensemble. Noé glisse une information discrètement à Zoé. La nouvelle la réjouit. Son frère lui désigne l'heure sur sa montre. La mère se tourne vers ses enfants avec entrain.)* Nous réclamons notre interrogatoire.

LE PÈRE
Allez-y ! Tirez-nous les vers du nez.

Zoé reprend la main.

ZOÉ
Papa ! Es-tu prêt à changer de travail ?

LE PÈRE
Ça dépend. Pour quoi faire ?

ZOÉ
Quelque chose d'utile.

LE PÈRE
Ah, bah merde, moi qui croyais utile de vous nourrir.

Les deux parents partent dans un fou rire. Noé, furieux, sèche le père directement.

NOÉ
Les saloperies que tu nous achètes à bouffer ?

Le père cesse immédiatement de rire.

LE PÈRE
Noé, c'est le week-end. Je n'ai aucune envie que nous recommencions à nous disputer.

LA MÈRE
Noé ! Nous sommes gentils. Ne tire pas sur la corde !

NOÉ
C'est lui ! Il fait exprès. Y a une côte de bœuf de deux kilos dans le frigo, achetée au supermarché ! *(Noé fixe sévèrement son père.)* Juste pour savoir. Tu aimerais te retrouver enfermé dans un box de la largeur de ton cul, jamais marcher, jamais voir le jour, te faire engraisser par des merdes, te faire mettre un hublot dans le ventre, te...

La mère remarque Noé qui monte en température.

LA MÈRE
Okay Noé, nous avons compris. Ce n'est pas une raison pour être désagréable avec ton père. Sinon, nous stoppons tout ça, et vous allez dans vos chambres.

Zoé jette un regard froid à son frère. Il prend sur lui.

NOÉ
Je n'aurais pas dû m'énerver comme ça... juste, papa, si tu manges de la viande, on en a déjà parlé. Au moins tu vérifies comment les animaux sont traités. Les industriels poussent les petits paysans à toujours produire plus, pour gagner juste de quoi vivre. Le méthane, c'est parce que les vaches sont gavées au soja qu'elles ne digèrent pas. Toi aussi, si on te bourrait

toute ta vie de choux de Bruxelles, tu péterais toute la journée.

La tension retombe.

ZOÉ
Papa, et si tu changeais de boulot justement pour une activité qui nous nourrisse mieux ?

LE PÈRE
Que veux-tu dire ? Qui rémunère plus ? Pourquoi pas. Mais qui me trouve le boulot ? Toi ? Mon salaire n'est pas négligeable, tu sais. Il faut déjà pouvoir le gagner. Deux gosses à nourrir. Même s'ils ne bouffent que des légumes.

Sans que le père ne le remarque Noé a une expression dépitée. Il regarde sa montre, s'impatiente plus encore. La chaleur se fait sentir de plus en plus dans le salon.

ZOÉ
Non, non... Tu travaillerais moins, tu aurais plus de temps.

LA MÈRE
Moi, oui ! Si je pouvais avoir plus de temps.

NOÉ *(las)*
Maman ce n'est pas ton tour.

LA MÈRE
Il n'a pas l'air très drôle votre jeu.

LE PÈRE
Ça dure combien de temps encore ? Votre mère et moi pour une fois nous passions un moment ensemble, tranquilles...

Zoé sent la situation lui échapper. Elle tente de rebondir. Noé consulte son portable. Il s'alarme. Stoppe sa sœur avant qu'elle ne parle.

NOÉ
Non, mais là ça va durer des heures. On aura jamais le temps.

ZOÉ
Pose-les toi les questions, si tu fais mieux !

LA MÈRE
Le temps pour quoi ?

NOÉ
Okay. Papa. Accepterais-tu d'abandonner ton travail, ton mode de vie, pour faire quelque chose qui serve à tout le monde ?

LE PÈRE
Je ne sais pas si tu fais exprès. Tu es extrêmement désobligeant.

NOÉ
Pourquoi ?

LA MÈRE
Ton père a raison. Tu sous-entends qu'il fait quelque chose d'inutile. C'est vexant, enfin !

ZOÉ
Mais c'est vrai !

NOÉ
Je n'ai pas dit : abrutissant ou nocif. J'aurais pu.

LA MÈRE
Noé demande pardon à ton père. Tout de suite.

LE PÈRE
Je crois que nous allons arrêter là.

Le père tente de se défaire de ses liens.

NOÉ
C'est pas la vérité ? Tu vends des trucs qui ne servent à rien. Tu te demandes parfois ce que les gens pourraient faire d'autre de leur argent ? Tu t'interroges sur l'utilité de faire ça ? Pour la planète ? Même pour toi ! Plus l'émission de CO_2 qu'il faut pour produire les conneries que tu vends !

Ni le père, ni la mère, choqués, n'ont le temps de répondre, Zoé surenchérit aussitôt.

ZOÉ
Tu épuises la terre pour rien !

NOÉ
Tu participes à signer notre arrêt de mort. Tu...

LE PÈRE *(l'interrompant net)*
Ça suffit ! Détachez-moi.

La mère est hors d'elle.

LA MÈRE
Ça ne va pas ! Vous êtes en pleine crise d'ado. Qu'est-ce que c'est ça ! *(La mère regarde sèchement Noé.)* Tu es lâche. Tu nous attaches et tu nous insultes. Si tu as besoin de faire ton petit coq, tu sors, tu vas courir mon grand. C'est bon, détachez-nous tout de suite et présentez vos excuses à votre père.

Noé se marre.

NOÉ
J'adore ! Nous ? Nous ! Nous demandons pardon ? C'est à lui de demander pardon.

LE PÈRE
Là, ça ne m'amuse plus du tout. Toi mon petit con, je vais te montrer qui est l'adulte ici !

Le père, furieux, d'un bond se lève, veut s'avancer vers Noé... tombe au sol. Sans pouvoir se relever, bloqué par ses deux pieds liés et ses mains attachées. Noé le regarde avec mépris remuer par terre. La mère n'en revient pas. Zoé observe, déterminée.

Le soleil cogne contre les vitres. La chaleur est harassante.

Noé finit par l'aider à s'asseoir sur le canapé. Père et fils se toisent.

NOÉ
Vaut mieux que tu restes comme ça.

LE PÈRE
C'est une blague ? ... Vous nous faites une caméra cachée là ?

La mère observe le regard froid de son fils.

LA MÈRE
Noé, qu'est-ce qui se passe ? On t'a lavé le cerveau ?

Noé ne bouge pas, continue à le dévisager. Le père détourne le regard vers sa fille.

LE PÈRE
Zoé, enlève-moi ça.

ZOÉ
Je peux pas.

La tension s'intensifie. Le père plonge son regard dans celui de son fils.

LE PÈRE
Noé, fais très attention. S'il y a une chose que je ne supporte pas c'est la manipulation des plus faibles. Je ne sais pas ce que tu as dit à ta sœur, mais tu vas t'excuser et me libérer. Nous libérer. Sinon je te promets que ça va mal se finir.

Noé rit nerveusement.

NOÉ
C'est génial ! Tu me retournes tout ce que vous avez fait. "La manipulation des plus faibles" ! Excellent

papa ! Tu es tellement formaté pour être un bon petit soldat du système que c'est automatique. À mon avis, tu ne le penses pas. En tout cas je l'espère. Sinon nous perdons tout ce temps pour rien.

Lourd silence. Les deux parents, soufflés par ces propos, ne savent plus quoi penser.

ZOÉ
Personne me manipule. C'est mon idée.

LE PÈRE
Quelle idée ?

ZOÉ
Rejoindre le mouvement.

La mère voit tout défiler dans sa tête en une fraction de seconde.

LA MÈRE
Quel mouvement ? Ça y est, je le savais. Des djihadistes ?

LE PÈRE
Ça prend un tour que je ne sens pas du tout. Zoé, je t'en prie, détache-moi.

NOÉ
Nous ne pouvons pas courir le risque.

LE PÈRE
Toi ! Je parle à ta sœur !

ZOÉ
Il a raison. Nous ne pouvons pas courir ce risque.

Le père essaye à nouveau de se défaire de ses cordelettes. La mère, atterrée, la bouche pâteuse, en panique, tente de réinstaurer le calme.

LA MÈRE
De quel mouvement parles... (*Sa gorge se noue. Elle ne finit pas sa phrase.*) Un verre d'eau... Prends-moi un verre d'eau... Zoé va me chercher un verre d'eau.

Zoé sort aussitôt. Le père tire de toutes ses forces sur ses liens, essaye avec ses dents.

LE PÈRE
Putain, ça suffit les conneries ! Virez-moi ça tout de suite.

Noé paraît de plus en plus calme. Sa sérénité devient plus effrayante encore.

NOÉ
Ça ne sert à rien de t'énerver papa et encore moins d'être vulgaire.

Zoé revient avec le verre, aide sa mère à boire. Elle le boit d'un trait. L'enfant la regarde, tente de la convaincre.

ZOÉ
Sauver la terre, maman.

NOÉ
Avant qu'il ne soit trop tard.

LA MÈRE
Je ne saisis pas.

La mère est déboussolée.

ZOÉ
On doit savoir si vous êtes avec nous.

NOÉ
Ou contre nous.

LE PÈRE
Contre vous ! C'est la meilleure celle-là !

LA MÈRE
Vous vous entendez les enfants ?

LE PÈRE
C'est une secte ? Un clan ? Ce n'est plus vous qui parlez.

ZOÉ
Parce qu'on pense pas comme vous ?

Le père perd pied, prend un temps pour respirer.

LE PÈRE
Noé, Zoé, nous allons tous les quatre redescendre. Apparemment, vous avez un problème…

NOÉ
Oui. Nous avons tous un problème, le même.

Le père force sur ses liens. S'énerve.

LE PÈRE
Et si ça continue ce sera un très gros problème ! Alors vous nous enlevez ça tout de suite ! Bordel de merde !

Zoé répond d'un simple signe "non" de la tête. Le père la regarde ahuri. La mère sent les enfants en peine, cherche à les comprendre.

LA MÈRE *(à ses enfants)*
Parlons-nous. Nous nous calmons tous. Et nous nous parlons. D'accord ? *(La chaleur redescend.)* Et maintenant, vous nous exposez clairement ce qu'il vous arrive et nous sortons de cette situation. Ensemble... Quel est le problème ?

LE PÈRE *(à la mère)*
Attends. Tu permets. Pas comme ça. *(Le père pose ses yeux dans ceux de Noé, cette fois avec empathie.)* Noé mon grand. Tu ne peux pas nous attacher et nous demander de discuter avec toi. Tu es hyper agressif. Okay tu as dix-sept piges. De la testostérone. Moi aussi j'ai eu dix-sept ans. Tu es en opposition, c'est normal. Légitime. Je ne t'en veux pas. Moi aussi avec papy j'étais en opposition, totale. Un jour, je lui ai fichu une beigne. Il m'a foutu dehors. Et on s'en fout de savoir s'il avait raison. C'est la vie. Ça arrive... Mais là si tu m'attaches, c'est que tu as peur de moi. Comment peux-tu imaginer une seconde que moi, je veuille te nuire ? À toi, mon fils ? *(Noé semble se laisser attendrir.)* Je ne suis pas parfait. Aucun parent n'est parfait... mais je fais tout ce que je peux pour vous.

ZOÉ
Pour toi ! Pas pour nous.

LE PÈRE
Pardon ?

La mère observe Zoé, la sent déstabilisée.

LA MÈRE *(à Zoé)*
Zoé. Tu as demandé à ton frère de te suivre ?

ZOÉ
Oui.

LA MÈRE
De te suivre où ? Dans quoi ? Et à toi, qui t'a demandé de le suivre ?

LE PÈRE *(à la mère)*
Tu crois qu'elle s'est fait embrigader ?

LA MÈRE *(au père)*
Elle n'a jamais parlé comme ça avant. Ça ne lui ressemble pas.

ZOÉ
OH ! Je suis là, vous pouvez me parler directement à moi !

La mère puise au fond d'elle-même pour tenter de comprendre.

LA MÈRE
Ma chérie, nous avons besoin de savoir. Pour toi. Pour ton frère. Pour t'aider. Ça a l'air sérieux. As-tu été embrigadée ? Que t'a-t-on dit ? Quelqu'un te pousse-t-il à agir comme ça ?

ZOÉ
Oui… *(Les deux parents attendent nerveusement la suite. Zoé se met à rire nerveusement.)* Vous !

LE PÈRE
Nous ne sommes plus en train de plaisanter.

ZOÉ
Je ne trouve pas ça drôle. Putain ! Obligés d'en arriver là. Parce que vous n'êtes pas foutus d'agir pour défendre vos propres gamins !

LA MÈRE
De qui parles-tu ? Nous ? Ton père et moi ?

ZOÉ
Vous tous !

La mère masque autant qu'elle le peut sa panique, poursuit ses questions, veut savoir.

LA MÈRE
C'est à dire ?

Zoé prend un temps. Elle inspire, puis la joue didactique à son tour.

ZOÉ
Qui prend les décisions ? Qui gouverne ?

Le père est largué.

LE PÈRE
Je ne vois pas le rapport.

Noé s'impatiente, ne peut plus attendre, s'énerve.

NOÉ
Réponds à sa question !

LE PÈRE
À qui crois-tu parler toi ? Je te rappelle que je suis ton père !

NOÉ
Alors conduis-toi comme un père ! Protège ta famille !

LE PÈRE
Détache-moi pour voir.

La tension monte encore entre les deux hommes. Noé s'approche face à son père, crispe son poing.

LA MÈRE
Ça suffit ! Ça suffit tous les deux ! Que voulez-vous ? Vous battre !!! (*Les deux hommes se sentent moins à l'aise... Noé recule.*) J'ai besoin de comprendre ce qu'il se passe. Zoé, s'il te plait. Que veux-tu de nous ?

ZOÉ
Je te demande : "Qui prend les décisions ?" Qui nous dirige ?

La mère hésite sur la marche à suivre. Elle se tourne vers le père. Ils échangent un regard d'incompréhension... Elle revient à nouveau vers sa fille, essaye de répondre.

LA MÈRE
Les personnes que nous avons élues, les hommes politiques ?

Zoé est dépitée. Ce n'est apparemment pas la réponse attendue.

LE PÈRE
Ou les femmes... politiques. Il y en a moins, c'est certain... Si c'est ce dont tu veux parler. Je le regrette aussi. Évidemment. Ce n'est pas normal. La situation de la femme est catastrophique. Une femme payée moins pour le même travail en 2029. Pathétique !... Voulais-tu mentionner ça ?

ZOÉ
Des adultes ! Nous sommes gouvernés par des adultes.

Le père sourit nerveusement.

LE PÈRE
Encore heureux ! Tu voudrais quoi ? Des enfants ?

Zoé et Noé le regardent avec détermination.

ZOÉ
Le seul avenir qui vous intéresse : celui de votre portefeuille. Pas nous !

La mère est choquée, prend l'attaque personnellement.

LA MÈRE
Comment ? Comment tu peux dire une chose pareille ?

ZOÉ
Vous l'avez votée l'interdiction totale des pesticides ? Des OGM ? Des sacs plastiques ? Des...

Le père l'interrompt.

LE PÈRE
Excuse-moi Zoé, mais tu parles des politiques qui votent là. Pas nous.

LA MÈRE
Penses-tu que je suis d'accord avec tout ce qu'ils votent ?

NOÉ
Qui les a élus ? Toi. Non ?

LA MÈRE
Pas toujours. Et ceux pour qui j'ai voté, je suis souvent, très souvent, en désaccord avec eux.

LE PÈRE
Et nous ne sommes pas les seuls !

NOÉ
Alors pourquoi vous les laissez agir si vous n'êtes pas d'accord ?

LE PÈRE
Mon grand ça s'appelle la démocratie.

ZOÉ
Démos veut dire "peuple". Kratos, "pouvoir". "Le pouvoir du peuple". Tu trouves que ça y ressemble ?

LE PÈRE
On a du bol ! Nous aurons au moins bien fait en t'inscrivant au latin.

NOÉ
C'est du grec, papa.

ZOÉ
Tu te plains du système ? Tu fais quoi pour le changer ?

NOÉ
Rien ! Parce qu'il vous dérange pas tant que ça.

LA MÈRE
Que voudrais-tu que nous fassions ? J'ai manifesté avec vous l'année dernière...

Le père l'interrompt.

LE PÈRE
Non mais, ils ne se rendent pas compte. Vous vivez sur une autre planète. Vous ne vous rendez pas compte de la chance que nous avons ici en France. Il y a pire.

Les deux adolescents sont catastrophés.

ZOÉ
Pire ! Pour qui ? Pour nous !

NOÉ
Le pire est déjà là et c'est nous qui continuerons à le prendre en pleine gueule.

ZOÉ
Vous ne comprenez rien. Rien. C'est pour ça qu'on ne peut pas faire autrement. La maison brûle et vous nous laissez crever à l'intérieur !

NOÉ
Vous continuez à vivre comme si de rien n'était.

ZOÉ
Les pics de chaleurs à 60°C !

NOÉ
À planifier nos vacances.

ZOÉ
Les inondations à répétitions !

NOÉ
À piller les ressources...

ZOÉ
L'extinction des autres espèces !

NOÉ
Celui qui consomme le plus, celui qui gagne le plus.

ZOÉ
Après vous le déluge !

LA MÈRE
Je comprends... Je vous comprends. *(La mère, heurtée, les regarde avec commisération.)* Mais vous ne pouvez pas nous reprocher de ne rien faire. Ça avance. Pas assez vite, mais ça avance. Ça bouge.

NOÉ
Qu'est-ce qui bouge ?

ZOÉ
Que fais-tu toi, maman ?

LA MÈRE
Moi ? Je... je n'achète plus de bouteilles plastique. Je prends mes bocaux de verre pour faire les courses... Je prends plus le train. Je fais du vélo.

Zoé est catastrophée.

NOÉ
Putain... Tu crois que c'est suffisant ?

ZOÉ
Si on ne réduit pas tout de suite les émissions carbone : c'est plus de la moitié de la terre inhabitable en 2050 !

NOÉ
Avant si ça continue.

ZOÉ
La moitié de la population sans eau. L'autre sous l'eau. Les terres dévastées. On ne vivra plus, on survivra... Les connards, qui préparent leurs plans de sauvetage, auront déjà quitté le navire pour aller vivre sur Mars. Les autres, qu'auront pas les moyens, survivront des miettes...

NOÉ
Pour ceux qui n'auront pas déjà crevé... Maman, tout ce que tu fais, ça sert à rien.

La mère et le père semblent comprendre. Ils accusent le coup.

LE PÈRE
D'accord. Dites-nous ce qu'il faut faire alors. Nous le ferons.

NOÉ
De quoi tu parles, toi ? Avec ton Coca, tes capsules, ton SUV…

ZOÉ
Papa, tu préfères ton confort à tes gosses.

Le père est assommé par la réponse.

NOÉ
Combien de COP vous avez fait ? Trente-trois ? Trente-quatre ?

ZOÉ
Vos soi-disant accords de réduction d'émission de CO_2 pour faire de belles photos !

NOÉ
Des mesures respectées ? Zéro !

ZOÉ
Vous gagnez du temps.

NOÉ
Pour produire et vendre vos merdes !

Les deux parents écoutent médusés.

ZOÉ
On a tout essayé pour vous alerter.

NOÉ
Manifesté, bloqué des rues, des centres commerciaux...

ZOÉ
Pété des vitrines...

LA MÈRE
Tu as cassé des vitrines ?

NOÉ
Ce n'était pas à nous de le faire. C'était à vous de vous battre pour nous !

ZOÉ
Maintenant on est obligés.

LA MÈRE
Obligés de quoi ? Que voulez-vous ? Un vrai droit à la parole ? Participer aux votes ? À des élections ?

Noé est déconcerté.

NOÉ
Tu le fais exprès ?

LE PÈRE *(avec ironie)*
Les enfants au pouvoir ?

ZOÉ
Les enfants ont plus de courage que vous.

LE PÈRE
Ma pauvre chérie, tu n'as déjà pas le courage de ranger ta chambre alors la planète.

NOÉ
Putain ! Ferme ta gueule ! Toi, tu la bousilles la planète ! TA planète ! Ta propre maison !

Zoé n'en peut plus, explose.

ZOÉ
Toi, tu mourras d'un cholestérol ou d'un cancer du côlon à cause de ta malbouffe. Nous, dans cinquante ans, quand on mourra, ce sera d'inanition, à cause de toi !

Les deux parents sont abasourdis. Moment de silence.

LE PÈRE
C'est l'hystérique nordique, l'autiste apocalyptique qui vous a mis dans des états pareils ?

ZOÉ
Mais comment tu parles !

NOÉ
Ferme-la ! Tu ne sors que de la merde !

Les deux enfants s'apprêtent à répondre encore plus vertement au père. La mère les interrompt.

LA MÈRE
NOÉ ! *(Noé obéit instantanément à sa mère. Subjuguée, elle se tourne vers son mari.)* Qu'est-ce qu'il te prend de parler comme ça de cette jeune fille ?

LE PÈRE
Je trouve indécent... Je n'ai rien contre elle directement. Mais je trouve indécent qu'on porte aux nues une gamine qui hystérise le débat. C'est une cause importante. Je ne suis pas climato-sceptique, tu le sais. Elle vend de la panique, je trouve cela dangereux et je ne serais pas étonné qu'elle y soit pour quelque chose !

LA MÈRE
Oui, ferme-la chéri.

LE PÈRE
Pardon !

LA MÈRE
Là, c'est moi qui ne te reconnais pas. Tu lui attribues une situation qui nous concerne, nous. Dont nous sommes responsables ! Ce sont nos enfants pas les siens. Ne trouves-tu pas insultant pour eux de penser qu'ils ne soient pas aptes à juger par eux-mêmes ? Là, moi je me demande : qui a pu t'influencer pour sortir une connerie pareille ? Maintenant, laisse-les parler, s'il te plait. Je veux entendre ce qu'ils ont à nous dire.

Zoé essaye de reprendre le contrôle de la situation, se calme. Elle regarde sa mère dans les yeux.

ZOÉ
Maman, es-tu avec nous ?

LA MÈRE
Avec vous pour quoi ?

ZOÉ
Pour prendre le pouvoir.

LE PÈRE
Vous êtes tombés sur la tête !

Le père, halluciné, tente de se lever. Ficelé, il reste cloué sur place.

NOÉ
Parce qu'on refuse de se laisser crever !

La chaleur monte inexorablement.

LE PÈRE
Redescendez sur terre !!!

NOÉ
C'est toi qui dis ça ?!

LA MÈRE
Qui prend le pouvoir ?

ZOÉ
Nous.

LE PÈRE
Vous deux ?

La mère, paniquée, se tourne vers ses enfants. Le père est totalement largué. Noé, consterné, ne répond même plus.

ZOÉ
Vos enfants. Tous les enfants.

LE PÈRE
C'est grave ! Dramatique ! Vous rendez-vous compte de ce que vous dîtes ? À quoi vous jouez ?

NOÉ
Ce n'est plus un jeu.

ZOÉ
Nous devons savoir si vous êtes des sœurs et frères de la révolution ?

La mère est terrifiée par cette expression. Le père, paniqué, se tourne vers son fils.

LE PÈRE
Non mais là c'est le retour de la Terreur. Rassure-moi, s'il te plaît, Noé. Vous nous faites marcher ! Vous nous faites marcher ?

Musique de flash spécial. L'émission télévisée est interrompue. Une image annonce un flash d'information spécial.
Toute la famille se tourne vers le téléviseur. Zoé augmente le son.

Sur l'écran, un journaliste sur le plateau de sa chaîne d'information, face caméra, le visage grave.

JOURNALISTE
Mesdames, messieurs, nous interrompons nos programmes pour un flash spécial... Nous vous demandons à toutes et tous de ne pas paniquer. L'intervention qui va suivre a été validée par nos services ainsi que ceux de la majorité des chaines d'informations et généralistes....

(La famille se tait, écoute attentivement.)

Les forces de l'ordre recommandent de ne pas sortir de chez soi… Ces images ont été prises il y a quelques minutes dans différents points du pays. La majorité du mouvement se concentre dans la capitale… Les grandes instances et les points névralgiques tombent les uns après les autres. Nous ne savons pas, pour l'heure, avec précision les revendications. Il semblerait que nos interlocuteurs invitent à la prudence, au rassemblement. Ce sont des enfants, ce sont nos enfants…

Sur l'écran, diffusion des images de rébellions. Des occupations d'institutions. Des milliers et des milliers de jeunes de dix à vingt-cinq ans, accompagnés par des adultes de tous âges, ces derniers en minorité. Quelques affrontements entre force de l'ordre et adultes. Bordeaux, Lyon, Marseille, Paris, le Sénat, l'Assemblée nationale, Matignon et l'Élysée sont pris d'assaut. Les forces de l'ordre n'osent pas charger les plus jeunes enfants postés en première position.
Des groupes investissent les points stratégiques et symboliques du pays. Les images s'arrêtent.

Retour au direct, sur le plateau de la chaîne. Un bandeau, en bas d'écran, fait défiler : les dernières informations, les lieux tombés aux mains des assaillants, la date du jour y est indiquée : samedi 15 septembre 2029…

JOURNALISTE
Nous interrompons ces images pour laisser l'antenne, la parole, à l'une des représentantes de cette contestation, prise de… à Mademoiselle Fleur Villalonca… Avant de l'écouter, des images qu'elle a souhaité que nous diffusions à…

Coupure. Diffusion des images.
Le titre : "2029 l'état de la planète. GIEC, Groupe intergouvernemental d'Expert sur l'Évolution du Climat."
Des images de l'effondrement de la planète. Fonte des glaciers, Groenland à nu, typhons. Cataclysmes. Des villes submergées. Des îles immergées. Trois quarts de la terre soumise à des pics de chaleur supérieurs à soixante-cinq degrés. Deux tiers de la planète en pénurie d'eau. Deux tiers des habitants menacés de mort. Des murs érigés encore plus haut pour empêcher ceux-ci de rejoindre les cités en abondance. Dévastation de la forêt amazonienne, de la forêt de la République du Congo, d'Indonésie, de Roumanie. Fin d'innombrables espèces animales : gorilles, chimpanzés, orangs-outangs, gisant à terre. Baleines, dauphins échoués par milliers sur les rives des continents. Des océans plastiques à perte de vue... Extinction de 95 % des insectes ailés. Tournées sur le dos, les abeilles laminées par les pesticides et insecticides. Campagnes jaunies, brûlées. Oiseaux morts sur les terres arides, craquelées. Incendies. Feux de forêt. Des flammes gigantesques.

Retour sur le plateau de la chaine télévisée.
Une jeune fille d'une quinzaine d'années, métisse, prend le relais du journaliste. Elle s'installe.
Un texte à la main, les yeux dans la caméra, l'adolescente s'adresse au peuple.

ADOLESCENTE
Cet instant où l'enfant lutte contre ses propres parents pour survivre, vous effraie ? Il n'est rien comparé à ce qui nous attend. Rien comparé à l'état dans lequel vous nous laissez la planète. Car désormais, vous n'êtes plus jugés aptes à vous en occuper.
Regardez-nous dans les yeux, dites-nous que vous ne saviez pas.

Regardez-nous dans les yeux, dites-nous que vous avez tout tenté pour sauver vos enfants. Regardez-nous dans les yeux, dites-nous que vous avez préféré vos enfants à vos soleils de croissance éternelle, à vos lobbys pharmaceutiques, agroalimentaires, industriels, et pétrochimiques. Honte à vous qui nous avez fait croire que vous nous protégeriez. Honte à vous qui nous donnez la vie et nous la reprenez. Honte à vous qui laissez périr les plus braves d'entre vous, qui risquent leurs vies en traversant les océans pour sauver leurs enfants, eux. Honte à vous qui abandonnez vos alliés pour que le diable vous sauve des réfugiés.
Vous n'êtes pas prêts à nous sauver. Nous nous sauverons nous-mêmes. Bientôt, la planète bleue sera terre brûlée. Les eaux infestées, les forêts dévastées. L'homme a tronqué son grand H pour la petite hache. Les vilains s'enrichissent, les lâches se détournent, les idéalistes se désespèrent, les faibles périssent.
Vous n'êtes pas prêts à nous sauver. Nous nous sauverons nous-mêmes. Aujourd'hui, nous prenons notre destin en main. Nous prenons le pouvoir.
Nous instaurons, immédiatement notre dernière chance de sauver la planète et ses habitants : un système utile, responsable, équitable et solidaire. Nous appliquons maintenant le grand plan de sauvetage. Les recommandations des communautés scientifiques. Celles-là mêmes que vos gouvernements "adultes et responsables" s'étaient engagés à appliquer chaque année depuis plus de 30 ans. Arrêt des énergies fossiles, des industries climaticides. Fin des agricultures industrialisées. Retour à la production et consommation de produits locaux et durables pour répondre aux besoins fondamentaux de chacun. Répartition des

terres, redistribution des sols. Renaissance de la souveraineté alimentaire. Rééquilibrage du système Terre pour restaurer la planète. Aux adultes responsables qui existeraient encore, rejoignez-nous. Avec ou contre vous, nous nous sauverons nous-mêmes.

Zoé éteint la télévision. Long silence au sein de la famille.
Les parents sont sous le choc. Les deux enfants ne marquent aucune surprise. Pour eux, tout se passe comme prévu. Ils n'en ont jamais douté. Zoé se tourne vers son frère.

NOÉ
Ils ne vont plus tarder.

Zoé prend la main de sa mère.

ZOÉ
Maman. Es-tu avec nous ?

La mère prend un temps pour répondre, comme elle peut.

LA MÈRE
Pourquoi ne rien nous avoir dit ?

NOÉ
Vous auriez essayé de nous stopper.

Zoé regarde sa mère avec espoir.

ZOÉ *(à sa mère)*
Tu es avec nous ?

La mère perdue, cherche ses mots, regarde ses enfants, son mari.

LA MÈRE
Je... Je... Je ne sais pas... Oui. Je crois.

Noé fait face à son père.

NOÉ
Papa. Je t'en prie. Dis-moi que tu te joins à nous.

La mère attend aussi sa réponse. Soudain des cris provenant de la rue. Les parents se regardent inquiets. Les cris reprennent. Noé va voir à la fenêtre.

LE PÈRE
Que se passe-t-il ?

NOÉ *(avec embarras)*
Rien...

LE PÈRE *(à Noé)*
Conduis-moi à la fenêtre.

LA MÈRE
Qu'est-ce que c'est ?

Noé ne réagit pas.

LE PÈRE
Conduis-moi à la fenêtre !

Noé prend le bras de son père, l'aide à atteindre une fenêtre. Le père découvre l'extérieur. Par la fenêtre, on voit : Des ombres projetées sur le mur. Un groupe d'une dizaine de jeunes passe avec un adulte, mains liées, il est traîné sur le sol.
Le père est sonné par ce qu'il voit.

LA MÈRE
Que vois-tu ?

Les cris ont cessé… Noé aide son père à retourner sur le canapé. Long silence. Après un temps pour digérer la scène, le mari s'adresse à sa femme.

LE PÈRE
Le voisin. Attaché, tuméfié… Sorti de sa maison, traîné sur le sol par un groupe de jeunes.

La mère, choquée, cherche ses mots.

LA MÈRE
Quoi… Que va-t-il lui arriver ?… Noé ?… Zoé ?

Noé lui-même n'en mène pas large. Ne répond pas.

LE PÈRE
Qu'allez-vous faire ? Concrètement ! Que se passe-t-il si je dis "non" ? Que me faites-vous ? Hein !

LA MÈRE
Pourquoi nous avoir attachés ?

ZOÉ *(à sa mère)*
Pour savoir si vous êtes avec nous, tout simplement.

LE PÈRE
Tu m'attaches pour me demander si je suis avec toi !

NOÉ
Nous n'avons pas le choix.

LE PÈRE
Nous avons toujours le choix.

NOÉ
Vous l'aviez !

LA MÈRE
Mais vous êtes des enfants, vous...

ZOÉ
Justement. On n'est pas pourri par le système.

Le père accuse le coup, se tourne vers les enfants.

LE PÈRE
Je ne me suis jamais battu pour le climat. C'est vrai... Je me suis occupé de ton frère, de toi, de lui apprendre à parler, de t'apprendre à marcher, de vous nourrir, de vous loger, de vous vêtir, de vous élever... apparemment mal.

La mère est consternée.

LA MÈRE
Tout ce que nous avons fait, même si nous l'avons fait mal, c'était pour vous... De votre naissance à maintenant, il n'y a pas un seul jour où je ne me suis pas demandé "quel est le mieux pour eux"... J'ai toujours cherché le meilleur pour vous. Le vôtre avant le mien... Je suis désolée... J'ai toujours, toujours...

La mère s'interrompt, sincèrement émue.

LE PÈRE
Ce n'est pas à toi de t'excuser.

Les deux enfants sont touchés par leur mère.

NOÉ
Nous savons maman... Ça n'empêche pas les faits. Nous devons agir maintenant.

LE PÈRE
Mes pauvres petits ! Vous vous rendez compte que si vous mettez en place vos annonces, c'est la fin du système économique ?

NOÉ
Du système capitaliste.

LE PÈRE *(méprisant)*
Et votre système "je ne sais pas quoi"...

ZOÉ
"Équitable", notre système équitable !

LE PÈRE
Votre système, vous pensez que ça va marcher comme ça ?

NOÉ
Ça ne marchera pas tout de suite. Nous en sommes conscients. Il faudra du temps...

LE PÈRE
Et en attendant ? Que faites-vous ? Vous faites pire ?

NOÉ
Pire pour qui ? 70 % de la population mondiale ne mange pas à sa faim. Un tiers de la population manque d'eau. Un enfant sur trois souffre de malnutrition… Pouvons-nous faire pire ?

LA MÈRE
Il n'a pas tort.

Zoé sent sa mère prête à les suivre. Elle se rapproche d'elle.

ZOÉ
On redistribue. On remet aux animaux des terres décentes, des élevages à visage humain…

NOÉ
Si "Humain" veut encore dire quelque chose.

ZOÉ
On explose les lobbys. On…

La mère écoute attentivement. Le père les interrompt.

LE PÈRE
Attends ! "On" ? Excuse-moi. Pour comprendre. De qui parles-tu ? Qui va faire tout ça ? Qui "On" ? Précisément ? "Vous" ? Des enfants ?

NOÉ
Précisément, nous.

LE PÈRE
Des enfants de quatre ans ne vont pas arrêter leurs parents ! Et tu ne me feras pas croire que tout le monde

est partisan de kidnapper son père, sa mère, s'élever contre eux.

NOÉ
Nous ne nous élevons pas contre vous. Nous vous proposons de vous élever avec nous.

ZOÉ
Pas besoin de tout le monde. La majorité, ça suffit.

LA MÈRE
Depuis combien de temps fomentez-vous ce plan ?

NOÉ
Un an.

Le père et la mère sont ahuris.

ZOÉ
Pour nous c'est facile de s'organiser. Vous croyez toujours qu'on est sur nos écrans pour regarder des vidéos débiles.

LE PÈRE
Un an... Putain, je n'ai rien vu.

LA MÈRE
Nous sommes devenus aveugles.

LE PÈRE
Vous croyez sérieusement que l'État va vous laisser faire ? Il envoie déjà les forces de l'ordre, l'armée.

NOÉ *(placide)*
Tireront-ils sur leurs enfants ?

LA MÈRE
Que deviennent les adultes ?

Noé tente de convaincre sa mère.

NOÉ
Nous les accueillons ! Ceux qui nous soutiennent sont bienvenus !

ZOÉ
On a besoin de vous. Nous, nous n'avons pas la prétention de tout savoir.

LE PÈRE
Comment vous savez qui vous suit ?

ZOÉ
On les sonde.

NOÉ
Dans chaque famille.

ZOÉ
Les enfants sondent leurs parents.

LE PÈRE
Et ceux qui ne vous soutiennent pas ?

ZOÉ
Les réfractaires sont écartés. Le temps de tout remettre en place.

LE PÈRE *(horrifié par le mot)*
"Réfractaires" !

LA MÈRE
Comment ?

Là, les deux enfants semblent moins assurés.

ZOÉ
Ça dépend. Ceux qui se mettent contre nous sont... arrêtés... Certains seront surveillés. Les très dangereux, on les mettrait aux travaux forcés d'intérêt public...

NOÉ
Pas mal de choses restent à définir.

LE PÈRE
Pourquoi ne pas les guillotiner !

LA MÈRE
Et les dirigeants en place ?

ZOÉ *(redevenue sûre d'elle)*
Déchus ! Déchus de leurs droits. Emprisonnés pour haute trahison. Responsables de mise en danger de la vie d'autrui.

La mère ne paraît pas choquée par la réponse. Le père, lui, est de plus en plus médusé.

LE PÈRE
Donc. Si j'ai bien compris. Vous virez les présidents et à leurs places vous mettez des gosses. Par exemple, votre petite cousine de six ans, Nathalie, va diriger les États-Unis. C'est ça ?

NOÉ
Un peu schématique, mais c'est ça. Si Nathalie était capable d'assumer des responsabilités, elle pourrait. Nous jugeons sur la maturité, pas l'étiquette de l'âge. Donald Trump a quatre-vingt-trois ans, a-t-il la maturité pour gouverner ? Un enfant mûr, au QI plus élevé, ce qui n'est pas très difficile, ferait mieux. Kim Jong-un est-il assez mûr ? Bolsonaro est-il assez mûr ?…

La mère sourit. Noé marque un point. Le père se vexe, l'interrompt.

LE PÈRE
C'est bon, on a compris le principe, merci.

Des silhouettes sombres passent devant la fenêtre. Une dizaine. Leurs grandes ombres projetées glissent sur les murs du salon.

On frappe à la porte. Une sorte de code, un enchaînement de 5 coups longs, trois courts.
Silence dans le salon.

NOÉ
Ce sont les frères et sœurs. Ils viennent voir si nous avons des réfractaires.

Vent de panique pour le père.

ZOÉ
Maman, es-tu avec nous ?

La mère opine positivement de la tête.

LE PÈRE
Toi aussi, tu perds la tête. Tu veux que nos enfants nous dirigent ?

LA MÈRE
Ils ont raison.

NOÉ
Papa, je t'en prie, sois avec nous.

LE PÈRE
Je ne peux pas...

NOÉ
Tu seras toujours notre père. Nous partagerons les responsabilités, nous les porterons ensemble...

Le code est frappé à nouveau.
Le père panique. Il est totalement perdu. Il semble craquer nerveusement. Noé le regarde avec compassion. Zoé se lève.

ZOÉ
J'y vais.

NOÉ
Où ?

ZOÉ
Leur ouvrir.

Zoé avance vers le couloir qui mène à la porte d'entrée. Noé la suit rapidement, l'arrête.

NOÉ
Pour leur dire quoi ?

Zoé sort du salon. Noé la suit.
Noir sur les parents.
La lumière se fait uniquement sur les deux enfants, isolés du salon, dans le couloir, face à la porte d'entrée.
Zoé, déterminée, avance vers la porte. Noé la stoppe.

ZOÉ
Il ne nous suivra pas.

Le code est frappé à nouveau. Zoé veut ouvrir le verrou de la porte. Noé retient son geste.

NOÉ
Nous ne savons pas encore. Nous ne pouvons pas le leur livrer.

ZOÉ
Ils ne vont rien lui faire.

NOÉ
Nous n'en savons rien ! Tout n'est pas défini.

ZOÉ
Si. On a dit que les réfractaires seraient juste isolés... le temps que tout soit installé.

NOÉ
Isolés comment ? Dans un appartement ? Dans un centre ? Dans une prison ? A manger quoi ? Traités comment ?

ZOÉ
Si nous reculons maintenant, tout s'effondre.

NOÉ
C'est notre père !

ZOÉ
Ce sont nos frères et sœurs.

NOÉ
Il reste là.

ZOÉ
Eux aussi ont leurs parents, tu crois qu'ils vont leur faire quoi ?

NOÉ
On en sait rien ! Si un pète un plomb !

ZOÉ
Un réfractaire ?

NOÉ
L'un des nôtres.

ZOÉ
Ça ne marchera jamais si nous ne sommes pas forts.

On entend frapper de plus belle à la porte. Zoé se dirige vers la porte. Noé se place devant elle.

NOÉ
Je ne livre pas mon père.

ZOÉ
Tu n'es qu'un enfant.

Zoé met sa main sur le verrou de la porte. Noé pose la sienne sur celle de sa sœur.

Lumière se fait aussi sur le salon. Les deux parties sont éclairées. D'un côté les enfants, de l'autre les parents. La mère tente d'apaiser le père, désabusé. De l'autre côté, Zoé a sa main sur le verrou de la porte. Noé la sienne sur celle de sa sœur.

La lumière éclairant les enfants s'éteint.
Les deux parents, dans le salon, sont seuls exposés sur la scène.

LE PÈRE
C'est un cauchemar. Je vais me réveiller. Dis-moi que c'est un cauchemar.

LA MÈRE
N'aie pas peur.

LE PÈRE
Comment peux-tu sortir un truc pareil ! Des gosses prennent le pouvoir !

LA MÈRE
Nos enfants.

LE PÈRE
Ça reste des gamins ! Nous ne pouvons pas les laisser faire !

LA MÈRE
Pourquoi ?

LE PÈRE
Pourquoi !!!

LA MÈRE
Et si c'était mieux ?

LE PÈRE
Si on les laisse faire, c'est le chaos.

LA MÈRE
Qu'en sais-tu ?

Le père lui montre ses liens, désigne ceux de sa femme.

LE PÈRE
Et ça ? C'est de la démocratie ça ? En ce moment même, ils sont en train de me donner.

LA MÈRE *(confiante)*
Ce sont ta fille et ton fils.

LE PÈRE
Tu prends leur défense. Évidemment... Toi tu vas t'en sortir. Tu as choisi ton camp. Mais moi ?

La mère sent la peur dans les yeux de son mari. Elle le prend contre elle, comme elle peut. Elle force sur ses liens.

LA MÈRE
Que racontes-tu ? Personne ne va t'abandonner.

LE PÈRE
Ils ont embarqué le voisin. Ils vont me livrer, c'est sûr !... Tu as vu leurs regards. Ce ne sont déjà plus les mêmes. Entre les mains de qui je vais tomber ? Et si l'un d'eux pète un plomb...

La mère force encore plus fort sur ses liens.

LA MÈRE
Je ne laisserai pas faire ça. *(Le visage du père est livide. Elle plonge ses yeux dans les yeux de son mari. Un moment suspendu. Soudain la main de la mère se pose sur la joue du père. Elle prend tendrement le visage de son mari dans ses deux mains. Ahuri, le père découvre les mains libérées de sa femme.)* Noé a eu peur de me faire mal. Il n'a pas assez serré.

LE PÈRE
Libère-moi. Vite ! *(La mère se met aussitôt à tenter de détacher les pieds du père.)* Les mains ! Commence par les mains.*(La mère s'exécute, prend les mains de son mari dans les siennes. Elle cherche aussi rapidement qu'elle peut comment défaire le nœud.)* L'extrémité. Sors-la de la boucle ! *(Le père guette l'entrée du salon.)* Dépêche !

LA MÈRE
Ton portable.

Une sonnerie d'arrivée de SMS sur un portable se fait entendre. Il provient de la poche du père. La mère s'interrompt. Le père reprend espoir.

LE PÈRE
Ils n'ont pas pensé à nous les prendre. *(La mère tire le portable de la poche.)* Qu'est-ce que ça dit ? Montre-moi. C'est forcément important.

La mère lit rapidement le message, se fige.

LA MÈRE
C'est Alain.

LE PÈRE
Il doit être dans la même situation que nous. Son fils fait l'école militaire.

LA MÈRE
Il dit qu'un mouvement de résistance contre les enfants s'organise.

LE PÈRE
Parfait ! Ça veut dire que lui a pu s'en sortir. Que d'autres ont pu...

LA MÈRE
Il donne un point secret de rendez-vous.

LE PÈRE
Tout n'est pas perdu. Libère-moi vite.

LA MÈRE
Tu veux le rejoindre ?

LE PÈRE
À ton avis ! Qu'attends-tu ? Détache-moi ! *(La mère le regarde fixement. Elle tient le portable dans sa main, hésite…puis le range dans sa propre poche et se rassied lentement.)* Qu'est-ce que tu fous ? Ils vont arriver !

LA MÈRE
Tu lutterais contre nos enfants ?

Le père se reprend.

LE PÈRE
Quoi ? Qu'est-ce que tu racontes ?

LA MÈRE
Si je te libère. Que fais-tu ?

Le père prend un temps pour répondre.

LE PÈRE
Je vais aider Noé et Zoé. Évidemment !

LA MÈRE
Évidemment ?

LE PÈRE
Oui !

LA MÈRE
Comment ?

LE PÈRE
En les empêchant de commettre la plus grosse erreur de leur vie.

LA MÈRE
Tu vas les arrêter.

LE PÈRE
Bien sûr ! Que crois-tu ?

LA MÈRE
Pour ça, tu lutteras dans l'autre camp.

LE PÈRE
C'est la seule option. *(Le père se remet à paniquer.)* Détache-moi tout de suite !

LA MÈRE
Nous allons leur parler.

La mère attend.

LE PÈRE
Ils n'écouteront pas. Ils n'écoutent plus !

LA MÈRE
Bien sûr qu'ils vont nous écouter. Il le faudra bien.

LE PÈRE
À combien vont-ils revenir ? Ils fomentent avec un groupe. Ils vont revenir avec eux ! Libère-moi !

LA MÈRE
Si tu passes dans l'autre clan, tu deviens contre eux.

LE PÈRE
Nos enfants risquent leurs vies. La seule chance de les sauver, c'est de les stopper. Ils ont beau être des enfants, certains n'y regarderont pas. Si nous les arrêtons assez tôt, ça aura été une mauvaise blague... Après ce sera trop tard.

LA MÈRE
Les autres sont aussi parents. Que feront-ils à des enfants ?

LE PÈRE
Certains seront prêts à tout pour conserver leurs places.

LA MÈRE
"À tout" ?! Qu'ils les arrêtent oui, mais ils ne seront pas prêts "à tout" sur des gosses... Ils n'oseront pas faire de mort.

LE PÈRE
Combien d'enfants morts voyons nous défiler dans les journaux ? Morts en Syrie, morts échoués sur une plage, morts de faim... Ça nous arrête ? Un temps. Puis nous oublions... Nous nous habituerons. Nous nous sommes bien habitués à l'idée qu'ils soient en danger sur cette planète, à cause de nous.

La mère se tait, se redresse. Le père lui tend ses mains liées. Elle les regarde sans y toucher.

LA MÈRE
Tu dis la vérité.

Le père comprend qu'elle ne le détachera pas. Il blêmit, imagine sa dernière heure arriver. Il entend les pas des enfants qui reviennent dans le salon. Zoé et Noé entrent. Le père, fataliste, les regarde, attend le verdict.

LE PÈRE
Où sont les autres ?

NOÉ
Zoé et moi leur avons dit que vous n'étiez pas encore rentrés.

ZOÉ
Ils vont revenir.

NOÉ
Ça nous laisse quinze minutes... Papa ? Es-tu avec nous ?

Silence. Le père réfléchit.

ZOÉ
Dans 15 minutes, il faudra leur ouvrir.

Noé se met devant son père, s'agenouille face à lui. Prend ses mains dans les siennes.

NOÉ
Papa. Si tu es avec nous maintenant, je leur dis, ils s'en iront. Maman, dis-lui.

Mal à l'aise, le portable de son mari dans sa poche, prise entre deux feux, elle se tait. Zoé ne comprend plus sa mère qui ne répond pas.

ZOÉ
Tu as changé de camp ?

Le père redresse sa tête lentement.

LE PÈRE
Si je dis que je suis avec vous. Ils s'en vont ? Comme ça ?

NOÉ
Oui.

LE PÈRE
C'est tout ? Sur ta parole ?

NOÉ
Oui. Chacun a la responsabilité de ses parents. Il a été préparé.

ZOÉ
Tu ne l'as jamais attachée ?

Noé découvre à son tour les mains libérées de sa mère.

LA MÈRE
Je suis parvenue à me détacher toute seule.

Zoé, consternée, s'énerve, s'en veut, en veut à son frère.

ZOÉ
Tu n'as pas eu les couilles. Tu n'as pas été foutu de l'attacher !

NOÉ
Bien sûr que je l'ai attachée. Que crois-tu ?

Zoé vérifie les liens du père. Ils sont solidement attachés.

LA MÈRE
Il n'a pas assez serré, c'est tout. Je t'assure Zoé.

Zoé regarde froidement son frère.

ZOÉ
L'as-tu attachée "oui" ou "non" ?

NOÉ
Tu divagues.

La pression monte entre sœur et frère.

ZOÉ
Dans quel camp es-tu ?

NOÉ
Ça te monte à la tête. Tu vas te calmer tout de suite !

Le frère et la sœur s'observent fixement.
Les deux parents se fixent aussi l'un l'autre.
Un long moment de silence.

ZOÉ
Excuse-moi.

Zoé passe la main sur l'épaule de Noé. Navrée d'avoir douté de lui. Noé pose ses deux mains sur les épaules de sa sœur.

NOÉ
Ce n'est pas grave... mais ça pourrait le devenir. Il faut que nous fassions attention.

ZOÉ
D'accord.

LA MÈRE
Je suis avec vous.

ZOÉ
Papa ?

La mère est soulagée de voir ses enfants s'unir à nouveau. Le père, isolé, se désespère. Les deux enfants sourient à leur mère, se tournent vers leur père. Il ne répond pas.

NOÉ
Nous bâtirons un nouveau monde. Il fera bon d'y vivre, je te promets. Chacun sera libre. Le moteur sera le respect, pas le profit. Les oiseaux reviendront...

ZOÉ
Tu te souviens quand on entendait les oiseaux, tu nous apprenais leurs noms, leurs chants...

NOÉ
Tu nous promenais des heures en forêt. Tu me portais sur tes épaules, je me plaignais d'avoir les bottes pleines de terre.

Des sons de nature, des bruissements de feuilles, le vent qui souffle.

L'action sur la scène s'interrompt pour laisser place à la projection d'images super 8, leurs souvenirs...
Une forêt. Les enfants sont petits. Trois et huit ans. Les parents plus jeunes. Le père jette son fils dans un énorme tas de feuilles mortes. Toute la famille rit. Tous courent. Noé trébuche. La mère le rattrape. Ils observent des insectes. Font dériver une formation en ligne de fourmis. Une fourmi tombe sur Zoé, elle prend peur. Le père la protège dans ses bras. Noé rit qu'elle ait peur d'une fourmi... Ils tentent d'attraper un papillon...
Un autre film de famille. À la montagne. Un paysage enneigé. La famille joue à se jeter des boules de neige. Père et fils contre mère et fille. L'équipe masculine manque de munition. Reconstitue son stock en équipe. Ils relèvent la tête. Les filles ont disparu. Mère et fille les attaquent, passées derrière... La mère plonge la tête la première dans un mètre de poudreuse. Éclats de rire de la famille... Le soleil se couche. Parents et enfants assis sur le toit d'un chalet enneigé regardent le disque solaire disparaître derrière un sommet. Les couleurs somptueuses se diffusent.
Un oiseau se pose sur une branche.

NOÉ
Papa, tu seras fier de nous.

Zoé se met à y croire à son tour.
Un portable vibre. Le moment de grâce est rompu.

ZOÉ
C'est le tien ?

NOÉ
Non.

Zoé se lève, cherche la provenance.

ZOÉ
D'où ça vient ?

Le son provient de la poche de la mère, signale l'arrivée d'un nouveau SMS. Noé fouille la poche de sa mère. La mère, dépitée se laisse faire. Noé s'empare du téléphone. Celui qui appartient en réalité au père. Il lit le message. Il est saisi, le souffle coupé.

NOÉ
Maman…

Zoé prend le portable des mains de Noé, découvre le sms.

ZOÉ
Tu nous as trahis ?

La mère est dépitée. Le père ne dit rien. Noé et Zoé la regardent avec insistance. Elle ne répond pas, regarde du coin de l'œil le père, attend qu'il la disculpe. Il se tait. Les deux enfants sont effondrés. Ils s'attendaient à beaucoup de choses, pas celle-ci.

Noé, consterné, ramasse la cordelette de sa mère tombée par terre. Il jette un regard vers Zoé. Elle est trop anéantie pour réagir tout de suite. Noé estime devoir attacher sa mère de nouveau. Elle le sait, se lève, recule.

À quelques pas des siens, la mère les observe. Son fils tient sa corde dans ses mains, sa fille se remet peu à peu, son mari se terre dans le silence. L'instant est pesant à l'extrême. Chacun est abattu. Les deux enfants, plus affligés que jamais, pensent avoir été trahis par leur propre mère.

La mère observe à nouveau son mari. La tête basse, il n'émet aucun son. Elle refuse pourtant de le dénoncer. Elle espère encore un instant qu'il ouvre la bouche... Rien.

LA MÈRE
C'est donc à cela que nous ressemblons... Pourquoi essayer de nous sauver ? Si nous disparaissons, la Terre s'en sortira très bien toute seule. Mieux. Nous sommes dangereux ! Nuisibles, toxiques. Si nous nous en sortons, ce sera encore la catastrophe... Il faut accepter l'extinction pour le bien de l'univers. Les pires nuisibles qui n'aient jamais existé. La Terre n'est que le début. Les extra-terrestres ont intérêt à se planquer. Ils existent, nous voient de loin, depuis longtemps et ils se planquent. Ils pètent de trouille que nous venions les rencontrer. Pour les virer, les exterminer, exploser en moins de temps qu'il faut pour le dire tout le monde beau, subtil, généreux qu'ils auraient mis des millions d'années à concevoir....
Il faut qu'on meure.

Les enfants regardent leur mère avec émotion. Le père, défait, l'observe.

Une musique, Nina SIMONE "SINNERMAN".

La mère pourrait danser, danser, une danse de rage et de désespoir. Les enfants la regarderaient médusés. Le père, effondré, aurait sa tête dans ses mains. Elle danserait jusqu'à en perdre pied… La musique s'arrête nette.

On frappe à la porte d'entrée. Le code, l'enchaînement de 5 coups longs, trois courts.

NOIR

REMERCIEMENTS

L'auteur remercie,

Ses trois enfants, Théophile, William et Chléophée, qui chaque jour, le rendent un peu plus grand et plus conscient du Monde.

Son épouse, Marjorie, qui incarne bienveillance et exigence.

Caroline, Alexis, Sébastien, qui sans forcément toujours le comprendre, essaient toujours de le soutenir.

Les Éditions L'Harmattan et son éditrice, Emmanuelle Grivelet-Sonier, et sa belle équipe pour leur qualité d'écoute et leur accompagnement.

Le camarade de Compagnie, Hervé Gransart, de toujours répondre présent.

Frédérique Bedos pour son engagement et son amitié.

Yoann Bourgeois de son talent et son implication pour la spectaculaire création scénique du JOUR OÙ NOUS AVONS PRIS LE POUVOIR.

ARTCENA et ses équipes pour avoir les premiers soutenus cette pièce en lui décernant, à peine écrite, le prix de l'*Aide à la création*.

L'ADAMI, ses membres et ses équipes d'avoir octroyé le prix *Adami déclencheur* à la pièce et à son auteur-interprète.

TEXT'ENJEUX pour avoir sélectionné l'œuvre et l'avoir déjà portée à plus d'une quinzaine de classes de collège et lycée des Hauts de France.

Celles et ceux là-haut, auxquels il aurait été heureux de pouvoir offrir ce livre.

L'auteur et le texte bénéficient du soutien de

Structures éditoriales du groupe L'Harmattan

L'Harmattan Italie
Via degli Artisti, 15
10124 Torino
harmattan.italia@gmail.com

L'Harmattan Hongrie
Kossuth l. u. 14-16.
1053 Budapest
harmattan@harmattan.hu

L'Harmattan Sénégal
10 VDN en face Mermoz
BP 45034 Dakar-Fann
senharmattan@gmail.com

L'Harmattan Congo
219, avenue Nelson Mandela
BP 2874 Brazzaville
harmattan.congo@yahoo.fr

L'Harmattan Cameroun
TSINGA/FECAFOOT
BP 11486 Yaoundé
inkoukam@gmail.com

L'Harmattan Mali
ACI 2000 - Immeuble Mgr Jean Marie Cisse
Bureau 10
BP 145 Bamako-Mali
mali@harmattan.fr

L'Harmattan Burkina Faso
Achille Somé – tengnule@hotmail.fr

L'Harmattan Togo
Djidjole – Lomé
Maison Amela
face EPP BATOME
ddamela@aol.com

L'Harmattan Guinée
Almamya, rue KA 028 OKB Agency
BP 3470 Conakry
harmattanguinee@yahoo.fr

L'Harmattan Côte d'Ivoire
Résidence Karl – Cité des Arts
Abidjan-Cocody
03 BP 1588 Abidjan
espace_harmattan.ci@hotmail.fr

L'Harmattan RDC
185, avenue Nyangwe
Commune de Lingwala – Kinshasa
matangilamusadila@yahoo.fr

Nos librairies en France

Librairie internationale
16, rue des Écoles
75005 Paris
librairie.internationale@harmattan.fr
01 40 46 79 11
www.librairieharmattan.com

Librairie des savoirs
21, rue des Écoles
75005 Paris
librairie.sh@harmattan.fr
01 46 34 13 71
www.librairieharmattansh.com

Librairie Le Lucernaire
53, rue Notre-Dame-des-Champs
75006 Paris
librairie@lucernaire.fr
01 42 22 67 13

Made in United States
Orlando, FL
07 October 2024